LE CHATEAU

DE

CLAVIERS

LÉGENDE DU XIVE SIÈCLE

PAR

M. P. AIGUEPERSE

MEMBRE TITULAIRE DE L'ACADÉMIE DES SCIENCES, BELLES-LETTRES ET ARTS
DE CLERMONT.

EXTRAIT DES *MÉMOIRES DE L'ACADÉMIE.*

CLERMONT-FERRAND

FERDINAND THIBAUD, IMPR.-LIBRAIRE
Rue St-Genès, 8-10.

1867.

LE CHATEAU

DE

CLAVIERS

Comme l'Ecosse et l'Allemagne, l'Auvergne a ses vieilles chroniques, ses traditions locales, ses souvenirs légendaires : altérés, embellis souvent dans la forme, mais au fond toujours les mêmes, la plupart des unes et des autres sont parvenus jusqu'à nous, répercutés par l'écho de vingt générations.

C'était particulièrement durant les longues soirées d'hiver que se perpétuaient, en s'égrenant une à une, les histoires et les croyances populaires de la province. Assis alors au foyer domestique, des représentants du passé racontaient à leur nombreuse famille et à leurs voisins attentifs et charmés, tout ce qu'ils avaient appris du vieux temps, de leurs devanciers dans la vie : les prouesses des Rolands de la contrée, l'origine miraculeuse de ponts jetés sur un abîme, les sortiléges de Lizet de Palhez, les apparitions de lugubres fantômes, les chasses de l'homme noir, les rondes nocturnes du sabbat, les méfaits du Loup-Garou, les rendez-vous du diable aux quatre chemins, les espiégleries du Drack, les aventures burlesques, les contes drôlatiques, les procès bizarres, les coutumes singulières.

Ces récits, faits sans ordre, sans choix, sans prétention, et répétés d'âge en âge, imprimant tour à tour à l'assemblée la tristesse et l'effroi, la gaieté et le fou rire, ne manquaient pour la plupart ni de sel ni d'originalité : empreints du sceau d'une époque reculée, avec leur mélange de préjugés et de superstitions, tenant à la fois de la vérité et de la fable, de l'histoire et du roman, unissaient le charme et l'intérêt, et laissaient souvent dans l'âme une haute leçon de sagesse et de moralité.

Hélas! nous le disons avec douleur, ces réunions intimes, archives vivantes dans lesquelles se conservaient les souvenirs du passé, n'existent déjà plus! Touchantes coutumes, pieux usages, jeux, fêtes, traditions, tout a disparu dans le gouffre de l'oubli : la civilisation moderne, avec ses tendances novatrices, à chaque pas qu'elle fait dans sa marche progressive, efface, en les effleurant de son aile, ce qui fut longtemps l'amusement, le bonheur de nos pères. Encore quelques années, quand les hommes de nos jours ne seront plus, qui pourra dire à la génération nouvelle l'histoire traditionnelle de notre pays, si quelque chroniqueur, voué à son culte, n'a pris soin, pour la conserver écrite, de la recueillir de la bouche de vieillards oubliés par la mort ?

Cette tâche, nous avons aspiré longtemps au bonheur de la remplir, et déjà serait en partie comblée la lacune qui existe dans nos Annales, si le sentiment de notre faiblesse n'était venu modifier notre zèle, n'avait arrêté l'élan de notre cœur. En abandonnant un projet caressé avec amour, nous n'avons cependant pas renoncé aux études et aux recherches depuis quarante ans entreprises pour son exécution. Bercé aux chants des ballades de nos montagnes, grandi au récit des aventures merveilleuses des châtelains du voisinage, témoin d'usages et de coutumes non alors disparus, nous n'avons jamais cessé, durant nos heures de loisir, de glaner dans le champ autrefois si fertile de la tradition, où nous avons chaque jour éprouvé la douce satisfaction, l'indicible jouissance d'accroître notre ample moisson de faits et de documents de toutes sortes. C'est dans ce dépôt, c'est dans ces décombres d'un passé loin de nous, qu'est extraite la légende du château de Claviers, légende apprise et écrite sur le théâtre même où, il y a six siècles, se joua le drame qui en est le sujet et dont le dénoûment fut si tragique.

A trois lieues environ de *Noviacum*, aujourd'hui Mauriac, dans la Haute-Auvergne, s'élevait, en 1382, au sommet du versant oriental de la vallée de Mars, l'antique château de Claviers dont la situation, les hautes tours et les épaisses murailles annonçaient la puissance et la richesse de ses possesseurs. Avec sa double enceinte, ses fossés, ses ponts-levis, ses fenêtres étroites, ses meurtrières et ses créneaux menaçants, il ressemblait plus à une forteresse ou à une prison d'Etat qu'à la résidence de hauts seigneurs et de nobles et gentilles dames. C'était là, cependant, qu'habitaient le baron de Claviers, sa femme Eggeberge et Yolande, leur fille unique. Heureusement, la nature avait ménagé une large compensation à la tristesse et à la monotonie de ce séjour. D'une terrasse servant d'avenue, plantée de marronniers séculaires, se déroulait aux regards étonnés un panorama qui, par son étendue, sa variété et ses formes, tantôt riantes et gracieuses, tantôt sévères et effrayantes, aurait défié le crayon de Salvator Rosa lui-même, le peintre de la nature sauvage et des contrastes les plus heurtés.

La vallée au milieu de laquelle bruissait torrentueusement la rivière de Mars qui lui avait donné son nom, courant du sud au nord, de Falgoux jusqu'au delà de Vendes, offrait, dans l'espace de quatre lieues, mille transformations diverses. Ici, elle se resserrait et se rétrécissait de manière à ne former que précipices et gorges profondes, avec des pentes abruptes, stériles, décharnées, chaos indéfinissable, effet d'un cataclysme sans nom ; là, ouverte, épanouie comme une fleur au printemps, elle paraissait fière d'étaler sa richesse de végétation, son luxe de verdure, ses contrastes d'ombre et de lumière : des bois, des champs, des prairies, des rochers géants, des hameaux, des clochers aux flèches aiguës, en tapissaient les bas-fonds, les flancs et les hauteurs, qu'animaient le vol d'oiseaux de toutes espèces, le chant du pâtre et du laboureur, le mugissement de bœufs en liberté et l'aboiement de chiens à la poursuite du lièvre ou du chevreuil. Pour servir de couronnement à cet indescriptible paysage, de nombreux châteaux montraient çà et là leur front noirci par le temps ; c'étaient, à l'ouest, Montclar, en face et à la portée de la voix de Claviers ; sur les bords de la rivière, Chanterelle et Longevergne, au milieu de chênes et d'énormes noyers ; à droite, à l'est, Montbrun et Courdes, et, dans un lointain vaporeux, au nord, sur un mamelon de tous côtés presque inaccessible, Charlus, qu'on aurait cru placé là comme un géant en sentinelle à la garde de la vallée.

Contrairement à ses ancêtres, dont presque tous s'étaient distingués dans les armes, et qui comptaient parmi eux un héros de la première croisade, le baron de Claviers n'avait jamais voulu quitter son château, et, en toute occasion, sous un prétexte ou sous un autre, avait toujours trouvé le moyen de se dispenser d'aller guerroyer pour le roi de France. Ses plus chères occupations étaient de se livrer à la chasse, de sonner de la trompe et de s'enivrer avec quelques voisins. Ses serviteurs et ses vassaux se félicitaient médiocrement de sa présence au milieu de ses domaines ; d'un caractère violent, despote, et de plus enclin à une sordide avarice, il tracassait les uns de toutes les manières, et accablait les autres de vexations et de corvées. Sa femme et sa fille, qui avaient souvent elles-mêmes à souffrir de sa mauvaise humeur et de ses emportements, étaient au contraire dans tout le pays l'objet d'autant de vénération et d'amour que le baron en méritait peu ; car, bonnes et bienfaisantes, elles visitaient les malades, secouraient les pauvres et les malheureux, et tâchaient, par leur affabilité, par leurs paroles et par leurs actes, de réparer les injustices et les brutalités du père et du mari ; elles étaient telles, enfin, qu'on leur avait donné le surnom d'Anges protecteurs de la vallée.

Yolande avait dix-huit ans : elle devait être l'unique héritière d'une immense fortune, et elle possédait tous les genres de mérite et de séduction. C'était plus qu'il n'en fallait pour devenir le point de mire des jeunes gentilshommes des environs ; aussi le nombre en était-il grand et s'accroissait-il chaque jour. Parmi ses plus fervents adorateurs se faisaient particu-

lièrement remarquer Bernard de Drugeac, Hélie de Salers, le
fils du comptour d'Apchon, Jean d'Escorailles et Rigaud de
Montclar. Ce dernier, dont la demeure voisine et d'anciennes
alliances de famille établissaient des relations plus fréquentes
et une sorte d'intimité avec les habitants de Claviers, était le
préféré d'Eggeberge et d'Yolande ; il méritait du reste, à tous
égards, cette insigne faveur : sa haute naissance, l'illustration
de la plupart de ses ancêtres, la noblesse de ses sentiments,
l'élégance de ses manières, la majesté de sa taille, la beauté
de sa figure, la grâce de son langage, sa force, sa vigueur,
sa bravoure, tout, enfin, concourait à en faire un chevalier
accompli.

Yolande et Rigaud, qui avaient chaque jour occasion de se
voir, s'aimaient de l'amour le plus tendre ; ils avaient fait le
serment d'être l'un à l'autre, ils s'étaient fiancés par le cœur :
mais des nœuds ainsi contractés à la réalisation de leurs désirs,
il y avait encore loin, et bien des obstacles à vaincre devaient
se dresser devant eux. Le baron de Claviers avait d'autres
vues pour sa fille, il l'avait promise au fils du comptour d'Apchon. Celui-ci était borgne et bossu ; mais que lui importaient
ces infirmités, il était le plus riche, le plus puissant, le plus
redoutable seigneur de la Haute-Auvergne, et se trouvait allié
aux plus illustres familles du royaume. Habitué à voir tout
plier sous lui, il ne s'inquiétait pas, malgré les inclinations
d'Yolande, de la résistance qu'elle pourrait opposer à son projet ; aussi, quand de Montclar vint un jour lui demander sa
main, rejeta-t-il brusquement ses prétentions, sous prétexte
qu'il n'avait d'autre fortune que sa bonne mine et son épée,
et lui défendit-il de reparaître à Claviers. Le même jour, pour
assurer au plus tôt un mariage qui flattait à la fois son amour-
propre et ses intérêts, il se rendit auprès de sa fille et lui an-
nonça que, désirant son bonheur, il lui avait choisi le sire
d'Apchon pour époux. Yolande, pour toute réponse, poussa
de profonds soupirs et versa d'abondantes larmes. Pressée enfin
d'obéir à la volonté paternelle, malgré le respect dû à l'au-
teur de ses jours, malgré la crainte que lui inspirait sa sévé-

rité, elle puisa dans l'amour qu'elle avait pour Montclar la force de lui dire qu'elle ne serait jamais la femme d'un homme que son cœur repoussait, si riche et si puissant qu'il fût.

Ce langage inaccoutumé surprit le baron, et, au lieu de l'irriter, il le disposa à plus de prudence et de modération que ne devaient le faire supposer son caractère et sa manière d'agir habituelle. Il se contenta de reléguer et d'isoler Yolande dans ses appartements. En la laissant ainsi seule livrée à ses pensées, en la privant de tout plaisir, même de celui de la promenade dans l'avenue du château, il croyait la ramener à son dessein sans contrainte et sans violence. Ah! qu'il connaissait peu le cœur humain! Il ignorait que le désir d'une chose refusée s'accroît en raison de la grandeur et de la difficulté des obstacles pour l'obtenir. Yolande et de Montclar qui, par des moyens habilement ménagés, entretenaient une correspondance secrète, renouvelaient leur serment de fidélité et ne s'aimaient que davantage. Plusieurs mois, dit la légende, s'étaient ainsi écoulés, lorsque le sire d'Apchon, impatient dans son attente, somma de Claviers de rompre ou de tenir, sans plus de délai, sa promesse, en contractant ce mariage, sous divers prétextes toujours différé. Mis ainsi en demeure de prendre un parti, après de nouvelles et vaines tentatives auprès de sa fille, le baron résolut d'en finir, fixa au douze novembre de l'année 1383, la cérémonie nuptiale à Claviers, où se trouvèrent réunis le père et la mère du prétendant, les seigneurs de Courdes et de Valens et quelques autres gentilshommes avec plusieurs nobles dames du pays.

Rien n'avait été négligé pour rendre la fête digne de la naissance et de la fortune des deux époux; des banderolles aux armes des d'Apchon et des Claviers flottaient sur les tours et aux fenêtres du château : d'intervalle à intervalle des détonations de couleuvrines et de pétards étaient répercutées par les échos de la vallée; les trompes, les hautbois et les olifans faisaient retentir l'air de fanfares bruyantes; dans la vaste salle d'honneur tendue de riches tapisseries et ornée de portraits d'illustres ancêtres, s'étalaient les présents de noces que n'aurait pas dédaignés une reine, tant le velours, la soie, les dentelles, les parures, les bijoux de toutes sortes, éblouissaient les yeux par leur beauté, leur richesse, leur éclat et leur nombre. Tout enfin aux environs comme à l'intérieur de Claviers, invitait au plaisir, commandait l'allégresse, excitait à l'admiration. Contraste étrange! au milieu de ce mouvement, de ce bruit, de ce faste inusité, seule, la tristesse trouvait place! l'assemblée, sombre, silencieuse, contrainte, paraissait conviée aux douleurs de la tombe plutôt qu'aux joies de l'hyménée ; c'est qu'à cette époque où l'on avait foi aux croyances superstitieuses, outre la répulsion bien connue d'Yolande pour d'Apchon, de tristes présages la tenaient sous le poids de la crainte de malheurs inévitables. Le ciel, en effet, qui, la veille, annonçait un lendemain plein de soleil et de lumière, laissait échapper une pluie froide et glacée ; un vent impétueux mugissait à travers les branches dépouillées des arbres, et d'innombrables corbeaux voltigeaient autour du manoir féodal, et poussaient des croassements horribles comme s'ils guettaient un cadavre. Telles étaient les causes de l'attitude et du trouble qui dominaient l'assemblée et enlevaient à la solennité de ce jour sa pompe, ses splendeurs et ses réjouissances.

L'heure de la cérémonie nuptiale avait cependant sonné, heure pleine d'angoisses et d'anxiétés que redoublait l'incertitude de la conduite qu'Yolande allait tenir. On se demandait si les prières et les menaces triompheraient d'elle, ou s'il faudrait par la violence l'arracher de sa retraite pour la conduire à l'autel comme une victime offerte en holocauste à quelque divinité païenne. L'attente ne fut pas longue, et contre toute prévision, l'héritière de Claviers se présenta d'elle-même aux assistants ; mais sa démarche fière et assurée, son regard dédaigneux, les traits contractés de son beau visage, ses lèvres frémissantes trahissaient un secret dessein qui ne pouvait échapper aux yeux les moins perspicaces ; elle venait là, en effet, la noble demoiselle, opposer résolument, courageusement, quoi qu'il dût arriver, un *Non* au *Oui* sacramentel qui, selon la formule de l'Eglise, est exigé pour la validité du mariage, persuadée qu'elle resterait ainsi fidèle à sa foi jurée et libre devant Dieu, de disposer d'elle en temps opportun. Hélas! soit méprise ou intentionnellement, malgré sa réponse, le chapelain aux gages et à la dévotion de Claviers, déclara unis à jamais Yolande et le seigneur d'Apchon, sans qu'un seul membre de l'assemblée osât protester contre cette violation de la loi divine, et prendre la défense d'une femme ainsi immolée par le caprice et l'orgueil d'un père inhumain !

Mariée malgré elle et contre son assentiment, Yolande, en proie à la plus vive douleur et saisie d'un tremblement nerveux, s'échappa par un violent effort des mains de l'époux qu'on venait de lui imposer, et se réfugia dans les bras de sa mère, jurant qu'elle n'appartiendrait jamais vivante au sire d'Apchon. Dans ce moment de surexcitation, il y aurait eu de l'imprudence à user de contrainte et de rigueur à son égard, on la laissa donc se retirer dans ses appartements, espérant que le repos, la réflexion et le temps ramèneraient le calme dans ses idées, et la rendraient à la saine raison. En attendant, quoique assombrie par cette scène émouvante, et qu'elle entrevît dans dans le caractère extra-religieux de la célébration nuptiale un sujet de crainte pour l'avenir, l'assemblée, peu scrupuleuse, reprit de l'assurance à la vue du splendide festin qui lui fut servi, et ne tarda pas à oublier, au milieu des propos galants et des copieuses libations provoquées par le choc retentissant et répété des verres, et l'objet de la réunion et les pressentiments auxquels elle avait donné lieu. Ces pressentiments, hélas! n'étaient cependant pas loin de se réaliser !!!

Le jour avait depuis longtemps fait place à la nuit; les convives encore à table, la tête échauffée par le vin, se livraient à des conversations qui menaçaient parfois de dégénérer en querelles : profitant de la vivacité d'une discussion soulevée à propos de certaines préséances, le seigneur de Claviers s'esquiva, sans bruit, et se rendit, on ignore pour quelle cause, seul en chancelant sur la terrasse du château : à peine y eut-il fait quelques pas, qu'il se heurta contre un personnage que l'obscurité ne lui avait pas permis d'apercevoir et de reconnaître ; c'était Rigaud de Montclar qui, prévenu de ce qui se passait à Claviers, et impatient d'en apprendre le dénoûment, s'y était introduit par escalade ou par intelligence avec les gens commis à la garde des portes. Quoi qu'il en soit, il se trouva en présence de l'inflexible baron dont il n'avait pu prévoir l'apparition. Qui êtes-vous, s'écria celui-ci, un espion ou un malfaiteur, j'imagine? Ni l'un ni l'autre, se hâta de répondre le jeune Rigaud. Chevalier sans peur, sans doute, mais non sans reproches, vous me tuerez, seigneur de Montclar, ou vous ne sortirez pas d'ici vivant, s'écria de nouveau de Claviers, et sans attendre d'explication, n'écoutant que sa rage et sa fureur, il se précipita sur Rigaud qui, en voulant parer les coups qui lui étaient portés, glissa sur la terre humide, et tomba atteint d'un coup d'épée au côté droit, sans pousser ni un cri ni un soupir.

Sans trouble, sans émotion, sans remords, heureux peut-être de son crime, le baron de Claviers se hâta de rejoindre les convives et se remit à table en hurlant une chanson bachique pour les provoquer toujours à boire. En ce même moment, Yolande, par une fatalité sans égale, trompant, sous un faux prétexte, la surveillance de sa mère, se rendait sur la terrasse que son père venait de quitter. Après l'avoir parcourue plusieurs fois, dans tous les sens sans y découvrir son fiancé dont on lui avait annoncé la présence, elle allait se retirer lorsqu'un léger cri de douleur, échappé non loin d'elle, l'arrêta saisie de crainte et d'effroi! Etait-ce une illusion ou une réalité? Dans l'incertitude, elle retint son haleine, pour prêter une oreille plus attentive, et, entendant presque aussitôt prononcer son nom, elle se précipita vers l'endroit qui le lui portait. Hélas! qui peindrait sa douleur à la vue de Rigaud de Montclar, étendu au pied d'un arbre, prêt à rendre le dernier soupir; elle se mit à genoux près de lui, le combla de caresses, l'accabla de questions pressées, incohérentes ; Rigaud, ranimé un instant par une voix si chère, prit une des mains d'Yolande, la porta à ses lèvres, essaya de parler, mais les mots *ton père*, furent les seuls qui sortirent de sa bouche.

Yolande avait tout compris, son père était le meurtrier de Rigaud. Pour rendre l'un moins coupable, il fallait sauver l'autre, il y avait double intérêt pour elle à l'entreprendre ; elle essaya donc de mettre ce dernier sur son séant et d'étancher le sang qui découlait de sa blessure, efforts et soins inutiles. Il lui sembla ne toucher qu'un cadavre dont les membres étaient glacés, dont le cœur avait cessé de battre, dont pas un souffle ne sortait de la poitrine ; effrayée, éperdue, folle de douleur et de désespoir, ses mains, le visage, les vêtements ensanglantés et souillés de boue, elle rentra par une porte dérobée dans le château, monta dans ses appartements, y prit une torche enflammée, et, semblable à une Euménide, elle parcourut les hauts et les bas étages, les chambres, les corridors, les galeries de l'antique demeure de ses aïeux, allumant partout l'incendie, conjurant tous les éléments à la fois pour hâter la destruction de son plus riche apanage ; car à quoi pouvait-elle tenir désormais, puisque de Montclar n'était plus ! Les flammes ne répondirent que trop à ses désirs, activées par la violence du vent, elles se communiquèrent à toutes les matières combustibles, se firent jour par toutes les issues : l'embrasement enfin fut si prompt et si général, qu'une partie du château ressemblait à une immense fournaise, sans que gentilshommes et serviteurs, les uns plongés dans l'ivresse et les autres dans un profond sommeil, se doutassent du désastre qui se consommait et du péril dont ils étaient tous menacés.

Eggeberge, qui seule veillait, abîmée dans la tristesse et la douleur, était loin, elle-même, de s'attendre à ce terrible événement, et moins encore à ceux plus cruels et plus grands qui allaient bientôt s'accomplir : aussi, quelle ne fut pas sa surprise, lorsque, inquiète de l'absence prolongée de sa fille, elle aperçut en se rendant à la chapelle où elle croyait la trouver en prières, qu'une partie de la vallée resplendissait d'une lueur rougeâtre, et qu'au-dessus de sa tête des langues de feu semblaient lécher le ciel. Elle n'en soupçonna pas d'abord la cause, telle était grande sa préoccupation ; malheureusement, l'atmos-

phère brûlante, le pétillement des flammes, la chute des
poutres embrasées, ne la laissèrent pas longtemps dans l'igno-
rance ; Claviers était livré à l'incendie ! ses premiers cris de désespoir et d'alarmes : Yolande ! sauvez Yolande ! mirent tout
le monde en émoi ! Hélas ! qu'y avait-il à espérer d'hommes
surpris par ce désastre imprévu et dans l'état où ils se trou-
vaient ; aussi ne fut-ce parmi eux que trouble, confusion, dé-
sordre, terreur ; Yolande devint cependant l'objet de la solli-
citude et de l'anxiété générales ; on l'appela, on la chercha de
toutes parts, rien ne révélait son existence ; on regardait donc
déjà sa perte comme certaine, lorsqu'on la vit tout-à-coup appa-
raître au milieu de tourbillons de flammes sur la plus haute plate-
forme du château, tenant dans ses mains une cassette qu'elle
voulait sans doute soustraire à la destruction ou périr avec elle.

Pourra-t-on le croire ? parmi les témoins de ce déchirant
spectacle, malgré les supplications d'Eggegerbe exhalées dans le
râle de la douleur, malgré les cris de détresse sortis des entrailles pour la première fois émues du seigneur de Claviers,
nul n'osa voler au secours d'Yolande que la mort entourait de
ses ailes de feu, nul n'osa accepter le défi qu'elle leur jetait à
tous de lui ravir sa proie ; effrayés du danger qu'ils couraient
eux-mêmes, ils se bornèrent à faire des vœux stériles, à im-
plorer le Ciel d'intervenir à leur place. Une si lâche et si hon-
teuse conduite ne resta pas longtemps impunie, le Ciel qui
s'était réservé le choix du châtiment, répondit à leur voix, en
suscitant un homme dont le dévouement et le succès devaient
imprimer dans leur cœur et sur leur front une flétrissure inef-
façable. Au moment où Yolande s'abîmait avec son trésor dans
la fournaise ardente, Rigaud de Montclar, revenu comme par
miracle de son évanouissement, traversa les rangs de la foule
étonnée, muette, tremblante, et sans calculer ni les obstacles,
ni ses forces, il s'élança vers les portes ouvertes du château et
prit les voies qui lui étaient familières pour arriver plus promp-
tement aux étages supérieurs. En vain des barrières de feu
s'interposaient-elles entr'eux et lui ; vingt fois, il tenta de les
franchir, vingt fois, il en fut repoussé ; parvenu enfin sur la

plate-forme qu'il désirait atteindre, il se précipita au milieu des flammes, en arracha le corps de sa fiancée, sans se douter qu'elle n'existait plus, et il courut, rapide comme l'éclair, la déposer hors de l'atteinte du fléau, avec la mystérieuse cassette que l'infortunée tenait pressée contre son cœur. Ce qu'elle contenait, on le sut plus tard, c'étaient une rose et des feuilles d'églantier sauvage que Rigaud avait autrefois cueillies dans la vallée, et qu'il lui avait données comme un gage d'amour et de fidélité.

Après avoir, croyait-il, sauvé Yolande, de Montclar, dans l'espoir d'arracher d'autres victimes à la mort, allait s'enfoncer de nouveau, sans hésitation, dans les entrailles du feu, quand, trahi par ses forces, épuisé de fatigues et de souffrances, il s'affaissa sur lui-même, et tomba, sans connaissance, dans les bras de serviteurs qui s'empressèrent de lui prodiguer leurs secours, et le transportèrent ensuite dans son château où il put recevoir tous les soins que réclamait son état.

Un jour et une nuit avaient suffi à ces terribles événements dont la nouvelle répandit la consternation et le deuil dans toute la contrée. Le peuple, dans sa justice, paya un large tribut d'admiration à l'héroïsme et à l'énergie du seigneur de Montclar ; pieux et reconnaissant, il pleura sincèrement la perte d'Yolande et d'Eggegerbe, dont la douleur et l'émotion avaient deux jours après causé la mort; mais il n'eut pas une larme pour le baron de Claviers, regardant les malheurs qui l'avaient frappé comme une punition dont Dieu s'était servi pour ramener le coupable au repentir et l'offrir en exemple au monde. Il en fut heureusement ainsi, après s'être exhalé, dans un moment d'exaltation et de délire, en imprécations contre Rigaud, contre sa fille, contre ses valets, contre le Ciel même, le seigneur de Claviers devint tout à coup un autre homme, il reconnut ses fautes et résolut de les expier : dur, égoïste, avare, insensible jusque-là à tout, pourvu qu'il ne fût pas atteint dans sa personne et dans ses biens, il se montra désormais doux, clément, bon, charitable. Retiré dans une modeste demeure, il se condamna à y vivre sans faste, loin du bruit et du fracas du siècle. Ayant vendu la plus grande partie de ses biens, il en distribua le produit aux pauvres, ou l'employa à réparer les torts causés à ses vassaux, à fonder des œuvres pies et à construire, à peu de distance des ruines de son château, une chapelle dédiée à Notre-Dame de Claviers, dont l'image est encore de nos jours en grande vénération dans le pays. Après avoir ainsi vécu de longues années, il mourut dans les sentiments d'humilité et de piété chrétiennes, et l'on put dire de lui, que, s'il ne fit pas oublier sa conduite passée, il sut du moins la faire pardonner.

Quant à Rigaud de Montclar, à peine fut-il guéri de sa blessure, que, renonçant au monde, au rôle honorable et glorieux qu'il devait y jouer, il se consacra au service de Dieu, et courut s'ensevelir dans le monastère de Mauriac que Théodechilde avait fondé, et qu'avait illustré saint Odon. Nommé camérier, après le décès d'un de ses frères qui y occupait cet emploi, il édifia constamment la ville et la communauté par son exacte observance de la règle, par ses austérités, par son zèle pour les bonnes œuvres, et mourut dans un âge fort avancé, regretté de tous ceux qui l'avaient connu et avaient été témoins de ses rares vertus.

Voilà, selon la légende, ce qui se passa à Claviers, il y a près de six cents ans. Du château de ce nom qui semblait autrefois défier les efforts des hommes et du temps, il n'en reste aujourd'hui nulle trace, tandis que l'humble oratoire érigé en expiation des causes de sa ruine est encore debout, excitant la piété des fidèles, et existant comme un vivant souvenir de la sombre et dramatique histoire que nous venons de rapporter, et qui sera longtemps encore le sujet des récits des habitants de la contrée.

Clermont, typ. Ferdinand Thibaud.

www.ingramcontent.com/pod-product-compliance
Lightning Source LLC
LaVergne TN
LVHW051347200726
843510LV00002B/880